Bucheckern, Bernstein, Brausepulver
Die Danziger Kindheit von Günter Grass

Das steht im Buch und ist nur dort wahr.

Günter Grass, *Beim Häuten der Zwiebel*

Elżbieta Pałasz

BUCHECKERN, BERNSTEIN, BRAUSEPULVER

Die Danziger Kindheit von Günter Grass

illustriert von
Joanna Czaplewska
und Katja Widelska

aus dem Polnischen von
Thomas Weiler

Rieder Bilderbücher

EIN GEHEIMNISVOLLER KUNDE IM KOLONIALWARENGESCHÄFT WILLY GRASS (1934)

IHR LERNT GLEICH EINEN JUNGEN KENNEN. Günter heißt er, Günter Grass. Er ist in Langfuhr geboren, einem Vorort von Danzig, und dort wohnt er auch. Danzig heißt heute Gdańsk und liegt in Polen. Langfuhr heißt heute Wrześc und ist ein Stadtteil von Gdańsk.

Als Günter 1927 zur Welt kam, lebten in Danzig Deutsche und Polen, die Stadt gehörte aber weder zu Polen noch zum Deutschen Reich. Gemeinsam mit Zoppot und den Landkreisen drumherum bildete sie die Freie Stadt Danzig. In dieser Gegend, in Pommern, lebten außerdem die Kaschuben, von denen auch Günters Mutter abstammte.

Günter war schon wach, blieb aber noch liegen. Er wartete, dass seine Mutter kam. Es war so gemütlich im Bett, so weich und warm. Als er ihre Schritte hörte, sprang er flugs aus den Federn und rief:

„Bin schon auf, Mama!"

„Leise, Daddau schläft noch", flüsterte seine Mutter lächelnd.

Dabei wussten alle, dass Günters Schwester Waltraut so schnell nichts aufwecken konnte. Sie durfte weiterschlafen, sie ging ja noch nicht zur Volksschule wie ihr großer Bruder. Günter war stolz darauf, schon so groß zu sein.

Auf dem Küchentisch lagen Stullen bereit. Günter griff sich eine, nahm einen großen Bissen und trank von seinem Kakao. Er hörte den Rollladen klappern – seine Eltern öffneten den Laden neben der Wohnung.

Da schnappte er sich seinen Ranzen und wetzte los zur Schule. Joachim gesellte sich dazu, sein Freund, der ebenfalls im Labesweg wohnte. Nun rannten sie gemeinsam, dass die Schwämme ihrer Schiefertafeln hüpften. Wie immer waren sie zu spät dran, obwohl sie es nicht weit zur Schule hatten. Außer Atem stürmten sie durch das Schultor und zu ihrem Klassenraum.

Als sie die Türe öffneten, rief die Lehrerin, Fräulein Spollenhauer, gerade aus dem Klassenbuch die Namen auf:

„Günter Grass!"

„Anwesend!", rief Günter.

Fräulein Spollenhauer notierte in der vorgesehenen Spalte in spitzer Sütterlinschrift „verspätet" und merkte an, sie müsste dies mit seinen Eltern besprechen. Sie ging die Liste weiter durch und trug auch bei Joachim die Verspätung ein. Nachdem die Anwesenheit überprüft war, konnte die Geographiestunde beginnen. Die Lehrerin stand stocksteif vor der Klasse, auch wegen des starren Kragens, in den ihr Hals eingezwängt war. Sie reckte den Zeigefinger und begann, vom Alldeutschen Verband und der Berliner Konferenz zu sprechen. Das alles war furchtbar langweilig, sodass Günter sich schon bald dem Geschehen vor dem Fenster widmete. Da lief ein Mann mit Hund vorbei. Der Glückliche! Günter begann zu träumen, er wünschte sich ja nichts sehnlicher als einen Hund.

„Bodo würde ich ihn nennen, oder Prinz. Oder vielleicht Kastor? Ja, das ist der schönste Name."

Da hörte er die Lehrerin ein vertrautes Wort sagen. Im Handumdrehen war er zurück in der Realität und lauschte konzentriert, was Fräulein Spollenhauer zu erzählen hatte:

„Zum deutschen Kolonialreich gehörten Kamerun, Togo, Deutsch-Ostafrika, Deutsch-Südwestafrika, Samoa und Neuguinea."

Sie sprach noch lange weiter und fuhr mit dem Rohrstock über die Weltkarte, aber Günter interessierte nicht, wie die Staaten hießen oder wo sie lagen. Ihn interessierte nur dieses eine Wort: Kolonial. So hieß doch auch der Laden seiner Eltern: Kolonialwarengeschäft! Günter hatte vorher nie über das Wort nachgedacht. Das Geschäft und die Bezeichnung gab es schon, so lange er denken konnte. Er meldete sich und fragte, nachdem die Lehrerin ihm zugenickt hatte:

„Was bedeutet Kolonialwarengeschäft?"

Fräulein Spollenhauer antwortete bereitwillig:

„Ein Kolonialwarengeschäft ist ein Geschäft, in dem Waren aus den Kolonien, also aus Übersee verkauft werden. Was für Waren sind das zum Beispiel, weißt du das, Günter?"

Und wie er das wusste! Gleich legte er los:

„Rosinen, Kokosraspeln, Zimt, Muskatnüsse, Nelken, Safran, Pfeffer, Anis, Kaffee, Tee", sprudelte es aus ihm heraus, da er die Ladenregale ja genau vor Augen hatte. „Und Kakao!", fiel ihm schließlich noch ein, als er an sein Frühstück dachte.

„Richtig, sehr gut!", lobte ihn die Lehrerin. „Und woher weißt du das alles?"

„Meine Eltern haben so ein Geschäft. Im Labesweg 13. Das Kolonialwarengeschäft Willy Grass", verkündete Günter stolz.

„Dann möchte ich euch bitten, heute nach dem Unterricht zum Geschäft von Günters Eltern zu gehen. Dort könnt ihr euch die Waren ansehen, die aus den Kolonien hierher gebracht werden."

Günter platzte vor Stolz. Nach dem Unterricht nahm er seine Klassenkameraden mit ins Geschäft. Seine Mutter stand gerade hinterm Ladentisch. Lächelnd zeigte sie ihnen die Waren aus Übersee und verköstigte sie mit Rosinen. Die Kinder bestaunten auch die übrigen Artikel, aus dem Deutschen Reich und ganz Europa. Günter badete in den bewundernden Blicken seiner Mitschüler.

Schließlich verabschiedeten sich seine Klassenkameraden, und er ging Mittagessen. Es gab Erbsensuppe, hinterher panierte Wiener Schnitzel mit Stampfkartoffeln, Soße und roten Rüben. Beim Essen erzählte Günter seinem Vater:

„In der Schule ging's heute um Kolonien, da hab ich erzählt, dass wir ein Kolonialwarengeschäft haben. Und nach dem Unterricht war die ganze Klasse hier, und Mama hat ihnen von den Überseewaren erzählt."

„Ich hab den Radau im Laden gehört, hab aber nicht kommen gekonnt, weil ich die Schnitzel hab brutzeln müssen. Und? Warnse zufrieden?", fragte der Vater.

„Und wie! Papa, können wir einen Hund haben?"

Der Vater schüttelte den Kopf – wie oft hatte er diese Frage schon gehört!

„Nein, könnwer nicht. Die Wohnung ist zu klein, weißte doch."

Ja, das wusste Günter. Aber er konnte sich den Wunsch nicht verkneifen.

Später kam die Mutter zum Mittagessen und bat ihn, sie kurz im Laden zu vertreten. Das hatte Günter schon öfter getan, wenn nicht viel Kundschaft zu erwarten war. Und das Geschäft lag ja direkt neben der Wohnung, da konnte man notfalls laut rufen, dann kam einem schon ein Erwachsener zu Hilfe. Aber das war nur selten nötig, die Kundschaft kam aus der Nachbarschaft, da kannte man sich.

Der Junge stellte sich hinter den Ladentisch und fühlte sich furchtbar wichtig und erwachsen. Leider wollte lange niemand im Geschäft vorbeischauen. Aber dann klingelte doch noch das Glöckchen, und ein Kunde stand vor dem Ladentisch. Der Fremde sah anders aus als die Leute aus der Nachbarschaft. Sein Hut und der lange Mantel hätten vornehm gewirkt, wären sie nicht so zerknittert und staubig gewesen. Der Mann wollte sehr teuren Kakao kaufen, hatte aber kein Geld dabei. Günter hätte das nicht tun dürfen, aber er war ein unbekümmerter Junge, also gab er dem fremden Mann den Kakao auf Pump, obwohl er ahnte, dass seine Eltern davon nicht begeistert sein würden. Wenn jemand etwas auf Pump bekam, nahm er die Ware mit, ohne sie gleich zu bezahlen. Sein Name und die Summe, die er schuldig geblieben war, wurden in ein besonderes Heft eingetragen. Wenn der Kunde dann wieder Bargeld hatte, kam er vorbei und zahlte. Aber das galt nur für Nachbarn und Bekannte. Als der elegante Herr seinen Namen in das Heft schrieb, bekam Günter es mit der Angst zu tun. Trotzdem rief er nicht nach seinen Eltern, die den Mann vielleicht noch hätten aufhalten können. Er wartete, bis seine Mutter wiederkam und erzählte ihr dann die ganze Geschichte. Sie schaute ins Heft. Der Name war lang und so verschnörkelt geschrieben, dass man ihn unmöglich entziffern konnte. Die Mutter seufzte:

„Nichts zu machen. Aber sieh zu, dass so was nicht noch mal vorkommt. Ruf nächstes Mal mich oder den Vater."

Bekümmert lief Günter nach drüben in die Wohnung. Im Wohnzimmer, in der Nische unterm Fensterbrett, lag eine leere Tabakdose, in der er seine Ersparnisse und Schätze verwahrte. Er zählte die Münzen, die er von mehreren Großvater-, Großmutter-, Tanten- und Onkelbesuchen angespart hatte. Die Summe reichte fast an den Kakaopreis heran. Günter würde die Schulden begleichen, sollte der Mann das Geld nicht vorbeibringen. Gerade wollte er die Dose zurücklegen, da hörte er seine Freunde rufen:

„Günter, kommste raus?"

Er öffnete die Dose noch einmal, nahm die Murmeln heraus und lief in den Hof zu den anderen Kindern. Heute spielten sie Dittchenpenschen[1]. Dafür brauchte man keine Murmeln, sondern Groschenmünzen, und er rannte zurück ins Haus. Neben der Fensternische stand seine Schwester Waltraut, in der Hand einen Bernstein aus Günters Sammlung. Verärgert herrschte er die kleine Schwester an:

„Ich hab doch gesagt, du sollst nicht in meinen Sachen rumgrabbeln!"

Eigentlich wollte er richtig böse werden, aber als er ihre reumütige Miene bemerkte, ließ er es. Rasch tauschte er Murmeln gegen Münzen. Da kam mitten im schönsten Spiel Joachim hereingeplatzt:

„Der Zirkus zieht durch die Stadt!"

Wie auf Kommando sprangen die Jungs auf und rannten los. Sie stürmten in die Hauptstraße, wo aus der Ferne schon Orchestermusik und Stimmengewirr zu hören waren. Gerade zog dort die Zirkustruppe vorbei. An der Spitze des Zuges ritt auf einem stolzen Schimmel eine wunderschöne Akrobatin. Sie verteilte Kusshände, und ihr Pferd blieb alle paar Meter stehen, um sich zu verbeugen. Ihnen folgten die anderen Akrobatinnen und Akrobaten, die Athleten, Clowns und die Dompteure mit ihren Tieren. Würdevoll stolzierten die Kamele. Die Hunde wurden von einem großen schwarzen Riesenschnauzer angeführt, den ein Affe an der Leine hielt. Gehorsam folgten ihm die Mittelschnauzer, den Abschluss bildeten schwarze Zwergschnauzer. Für einen Moment dachte Günter, der Dompteur wäre der elegante Herr, der ihm den Kakao abgekauft hatte. Aber da er ein gestreiftes Trikot trug, war Günter sich nicht sicher, ob er es wirklich war.

Als der Zirkus vorüber war, liefen sie zurück nach Langfuhr, in ihr Viertel. Günter und Joachim machten noch einen Abstecher zum Aktienteich, und Günter erzählte seinem Freund von dem geheimnisvollen Kunden und seinem Verdacht, es könnte einer von den Zirkusleuten gewesen sein. Er malte sich eine ganze Geschichte dazu aus.

---

1 Dittchen nannte man in Danzig die Zehnpfennigmünzen. Sie wurden gegen eine Wand gepenscht (also geworfen) und die Münze, die am nächsten an der Wand liegenblieb, gewann. Bei uns heißt dieses Spiel „Pfennigfuchsen".

„Vielleicht hat er eine kranke Tochter, die nur einen Becher Kakao braucht, um wieder gesund zu werden. Aber der unglückliche Vater hat den Ärzten schon sein ganzes Geld gegeben. Und jetzt ist das Mädchen mit meiner Hilfe wieder gesund!", schloss er triumphierend.

Joachim meinte, er hätte genauso gehandelt, er hätte dem Mann den Kakao auch auf Pump gegeben.

„Du musst Schriftsteller werden! Wie du das von dem Mädchen und ihrem Papa erzählt hast, hätt ich dir beinah geglaubt!"

„Das würde ich gern! Das ist mein größter Wunsch", nickte Günter. „Und ein Hund, natürlich. Weißt du, dass ich einen Roman angefangen habe? Das erste Kapitel ist schon fertig. Aber jetzt weiß ich nicht mehr weiter, weil alle Helden tot sind."

„Ich werd mal Brauereidirektor, wirst sehen", sagte Joachim. Sie spazierten zu den prächtigen Gebäuden der Danziger Aktien-Bierbrauerei.

„Dann trage ich Hut und rauche Zigarre. Und lese deine Bücher!", versprach Joachim.

Weil sie noch nicht nach Hause wollten, liefen sie weiter zur Strießbachbrücke. Da gab es immer Wasserpflanzen, Enten oder Treibgut zu sehen. Manchmal schwammen die komischsten Dinge im Bach: Handschuhe, Bälle, einmal sogar eine Vogelscheuche. Aber irgendwann war dann doch Zeit für das Abendbrot und die Mütter riefen die Kinder heim. Die beiden Jungen verabschiedeten sich und liefen nach Hause.

Nach dem Abendbrot setzte sich Günter noch mit dem Buch hin, das er aus der Bücherei ausgeliehen hatte. Es spielte in alten Zeiten, als edle, tapfere Ritter des Kreuzritterordens im Heiligen Land kämpften. Doch schon nach wenigen Seiten, an einer besonders spannenden Stelle, kam Waltraut zu ihm, er sollte ihr ein Kätzchen zeichnen. Günter zeichnete gern, aber er konnte es nicht ausstehen, beim Lesen gestört zu werden. Gleich darauf erkundigte sich seine Mutter, wie es in der Schule gehe. Und als sein Vater ihn dann noch bat, die Persilpackungen in den Laden zu tragen, war es endgültig vorbei mit dem Lesen. Er ging seinem Vater zur Hand, schnappte sich aber gleich danach wieder das Buch und rannte die Holztreppe hinauf zum Dachboden. Die Stufen hatte er schon mal gezählt, irgendwas um die Hundert. Im dritten Stock hielt er kurz inne, um zu lauschen, ob der Nachbar gerade Trompete spiele. Nein, diesmal nicht. Eigentlich musste er gar nicht an der Tür horchen, denn die Trompete war in ganz Langfuhr zu hören.

Auf dem Dachboden mit seinem Gerümpel und den Spinnweben stand gleich unter der Dachluke ein alter Sessel. Günter setzte sich und las weiter. Schon bald war er so in die Lektüre vertieft, dass er alles um sich herum vergaß. Erst die durchdringenden Trompetentöne des Nachbarn ließen ihn hochschrecken. Er klappte das Buch zu und schaute aus der Luke. Dort sah er die Dächer der Nachbarhäuser in der Herta-, Luisen- und Marienstraße, das Teerpappendach der Bonbonfabrik, Kastanienbäume, Schuppen, Höfe und den Himmel. In Gedanken war er noch bei den Abenteuern seiner Helden. Er war einer von ihnen, ein

edler Ritter mit schwarzem Kreuz auf dem weißen Mantel und war wie sie bereit, für seinen Glauben zu sterben.

Er lief die Treppe wieder hinab, vorbei am Gemeinschaftsklo auf der Zwischenetage. „Warum können wir keine eigene Toilette haben? Warum hab ich kein eigenes Zimmer? Warum kriege ich keinen Hund?"

In der Küche erwartete ihn Vanillepudding mit Soße. Waltraut spielte mit ihren Puppen. Obwohl Sonnabend war und tags darauf keine Schule, ging Günter früh schlafen. Am Sonntag hatte er Dienst in der Frühmesse. Seine Mutter kam herein und setzte sich an Waltrauts Bettchen. Jeden Abend erzählte sie den Kindern ein Märchen. Wie er das liebte! Seine Mutter konnte wunderbar erzählen. Diesmal war das alte Märchen vom dem Fischer und seiner Frau an der Reihe. Ihr habt es bestimmt schon einmal gehört, auch wenn es jeder ein bisschen anders kennt, wie das mit Märchen so ist. Günters Mutter fing also an:

Es waren einmal ein Fischer und seine Frau Ilsebill, die wohnten in einem alten Pisspott dicht an der See. Und der Fischer ging alle Tage hin und angelte, mal fing er etwas, mal fing er nichts. Nun war gerade ein schlechter Tag, da biss plötzlich ein merkwürdig platter Fisch an – das war ein Butt. Da sagte der Butt zu ihm:

„Fischer, Fischer, lass mich gehn, was du wünschst, soll dir geschehn."

Da sagte der Fischer:

„Schätze sind mir nicht vonnöten, weshalb sollte ich dich töten? Einen Fisch, der sprechen kann, rühre ich gewiss nicht an!"

Der Fisch platschte ins Wasser, der Fischer aber ging nach Hause und erzählte alles seiner Frau. Die wurde böse und hieß ihn abermals an die See gehen. Er sollte den Butt um ein Häuschen mit Garten bitten. Der Fischer ging also hin, stellte sich ans Ufer und rief:

„Buttke, Buttke, kumm utke! Meine Frau, die Ilsebill, wohl ein Haus mit Garten will!"

Da kam der Fisch geschwommen, schlug mit dem Schwanz und sagte:

„Geh nur hin, sie sitzt schon drin."

Da ging der Fischer hin und fand nicht mehr den alten Pisspott, sondern ein ordentliches Häuschen mit einem schönen Garten und einer zufriedenen Frau in der gemütlichen Küche. Doch nach einiger Zeit bedachte Ilsebill die ganze Angelegenheit und schickte den Fischer von Neuem ans Ufer, diesmal wollte sie ein feines Schloss. Der Fischer ging brav hin und rief:

„Buttke, Buttke, kumm utke! Meine Frau, die Ilsebill, nun ein Schloss mit Dienern will!"

Da kam der Fisch geschwommen, schlug mit dem Schwanz und sagte:

„Geh nur hin, sie sitzt schon drin."

Da ging der Fischer hin, und fand ein herrliches Schloss, in dem die glückliche Ilsebill wie eine Herrin regierte. In lauter Gold gekleidet, war die Fischersfrau nicht wiederzuerkennen. Sie lebten im Glück, doch es schwand Stück für Stück. Ilsebill rief ihren Mann und befahl:

„Nun muss ich Kaiser werden. Alle sollen sich vor mir verneigen."

Der Fischer war entsetzt. Was war seiner Frau da in den Sinn gekommen? Aber er ging hin, denn er wollte keinen Streit mit ihr. Er stellte sich ans Ufer und rief:

„Buttke, Buttke, kumm utke! Meine Frau, die Ilsebill, noch Kaiser werden will!"

Da kam der Fisch geschwommen, schlug mit dem Schwanz und sagte:

„Geh nur hin, zur Kaiserin."

So wurde die Frau des armen Fischers Kaiserin. Die Untertanen verneigten sich vor ihr, die Soldaten marschierten vor ihr auf, die Minister gehorchten ihr – und Ilsebill sonnte sich in ihrem Glanz, erteilte Befehle und stolzierte mit ihrer Krone einher wie ein Pfau. Aber auch das währte nicht lange, denn alsbald fiel der Fischersfrau ein, sie wollte werden wie der liebe Gott!

Da ging der Fischer zitternd und bebend ans Ufer und rief:

„Buttke, Buttke, kumm utke! Meine Frau, die Ilsebill, nun Liebgottchen werden will!"

Da kam der Fisch geschwommen, schlug mit dem Schwanz und sagte:

„Geh nur hin, zur Wünscherin."

Da ging der Fischer hin und rieb sich die Augen: Seine Ilsebill saß wieder vor dem alten Pisspott.

Und damit war das Märchen zu Ende.

„Mama, jetzt kannst du ja wieder von vorne anfangen und dann nochmal, und es hört nie wieder auf", bat Günter.

Waltraut klatschte begeistert.

„Ja, Mama, nochmal erzählen!"

Aber die Mutter gab ihr einen Kuss und kam dann zu Günter. Der sagte leise:

„Ich hätt mir ja vom Butt einen Hund gewünscht. Die hatten so schöne schwarze Schnauzer dort im Zirkus!"

Die Mutter seufzte, drückte ihrem Sohn einen Kuss auf die Stirn und ging aus dem Zimmer. Günter schlief ein.

Am Morgen wurde er von Glockengeläut geweckt. Richtig, es war ja Sonntag! Sie frühstückten gemütlich. Die Mutter hatte sich fein gemacht – eine richtige Schönheit! Waltraut trug das Sonntagskleid aus Samt und im Haar voller Stolz eine große Propellerschleife. Günter lief als Messdiener schon ein bisschen früher zur Kirche, Mutter und Tochter brachen erst später auf. Sie setzten sich wie immer nach vorn, damit sie Günter gut sehen konnten.

Der Innenraum der Herz-Jesu-Kirche war reich geschmückt mit Bildern und vergoldeten Schnitzereien. Waltraut war davon ein wenig eingeschüchtert und saß ganz still da. Sie schaute zum Priester, zu Günter, zu den Glasfenstern und besonders zu dem schönen Altar auf der linken Seite mit der Jungfrau, dem Jesuskind und Johannes. Sogar die Zahlen auf den Kirchenbänken interessierten sie.

Günters Vater war Protestant und ging in die evangelische Kirche, meistens ging er aber gar nicht. Da er jeden Tag als erster aufstand und beim Bäcker frische Brötchen holte, schlief er sonntags aus. Aber als die Kirchgänger wieder nach Hause kamen, empfing er sie mit Kaffee und Streuselkuchen.

Sie hatten sich gerade an den Kaffeetisch gesetzt, als sie vertraute Stimmen hörten: Tante Małgosia und Onkel Franz aus Danzig mit ihren vier Kindern. Günter und Waltraut stürmten dem Onkel entgegen. Sie mochten ihn, weil er immer mit ihnen Späße machte und Zeit für sie hatte. Zwischen den ganzen Erwachsenengesprächen schaffte es Günter, die Geschichte vom Zirkus zu erzählen. Da sahen seine Cousins und Cousinen, Irmgard, Gregor, Magda und der kleine Kasimir ihren Vater bittend an. Der sagte mit einem strahlenden Lächeln:

„Aber sicher, da gehen wir hin!"

Günter und Waltraut schielten zu ihrem Vater. Er konnte den Kindern den Wunsch schlecht abschlagen, zumal er als Kolonialwarenhändler ein besseres Einkommen hatte als der Cousin seiner Frau, der als Briefträger bei der Polnischen Post arbeitete. Auf das Nicken von Vater Grass hin rannten alle Kinder unter ohrenbetäubendem Jubelgeschrei in den Hof. Zum Glück, sonst hätte die unbändige Freude wohl das Wohnzimmer zum Einsturz gebracht.

Im Hof spielten schon andere Mädchen mit Schleifen im Haar und Jungen in kurzer Hose oder Matrosenanzug. Irmgard lief gleich zu den Kaninchenställen, und Joachim zeigte stolz die Tiere aus der Zucht von Frau Labuda, die als die schönsten galten. Die Kaninchenrasse hieß Belgischer Riese, sie waren grau und hatten gewaltige Löffel. Joachim öffnete die Käfigtür, nahm ein Kaninchen heraus – und konnte das Schwergewicht nicht halten. Das befreite Kaninchen machte einen Satz nach vorn und tollte dann Haken schlagend über den ganzen Hof. Während die Kinder lautstark die Verfolgung aufnahmen, brachen auch die restlichen Tiere aus. Ein dreijähriger Junge, der leidenschaftlich auf seine Blechtrommel einschlug, machte das allgemeine Durcheinander perfekt. Bald darauf jagte das ganze Haus im Hof Kaninchen, die zornrote Frau Labuda vorneweg. Zum Glück konnten alle Ausreißer wieder eingefangen werden, nur Joachims Eltern mussten sich noch eine Weile das Gezeter der aufgebrachten Nachbarin anhören.

Nach Kaffee und Kuchen brachen sie alle gemeinsam auf zu einem Ausflug. Sie wollten zur neuen Mole in Brösen. Günter trug seine Matrosenmütze mit der Aufschrift „SMS Seydlitz" auf dem Seidenband. Sie nahmen die Straßenbahn Linie Neun. Am Strand angekommen, ließen sie sich im Sand nieder. Die Sonne brannte, und Vater Grass legte sich sein an vier Zipfeln geknotetes Taschentuch auf den Kopf.

Günter, Irmgard, Gregor und Kasimir bauten Kleckerburgen aus Sand. Sie ließen einfach den nassen Sand durch die Finger laufen, bis ein Turm entstanden war. Nach einer Weile gesellte sich auch Onkel Franz dazu. Die Kleinen wollten den Größeren helfen, aber die ließen sie nicht.

Günter mochte das gleichförmige Rauschen des Meeres, das Möwengeschrei, den vernebelten Horizont und die Sonne. Er saß im Sand, kleckerte seine Burgen und kümmerte sich nicht darum, dass die See oder der übermütige Fuß seiner Schwester sie zunichte machten. Dann baute er sie eben neu und immer wieder … Meer und Sand, das genügte.

Auf dem Rückweg kehrten sie in der Konditorei ein und bestellten Eis: Waldmeister und Zitrone. Später, an der Straßenbahnhaltestelle, verabschiedeten sie sich voneinander. Onkel und Tante fuhren mit ihren Kindern nach Danzig zurück, Günter mit seiner Familie nach Langfuhr in den Labesweg 13. War das ein schöner Tag! Ein richtiger Sonntag.

Zu Hause gingen die Kinder erschöpft ins Bett und waren schon bald eingeschlafen. So hörten sie nicht mehr, wie es spät abends an der Wohnungstür klopfte. Vater Grass machte erstaunt auf. Da stand ein fremder Herr mit Hut in einem etwas abgetragenen, aber immer noch eleganten Mantel in der Tür. War das vielleicht der geheimnisvolle Kunde, dem Günter Kakao auf Pump verkauft hatte? Der Fremde grüßte höflich und sagte:

„Ich möchte meine Schulden begleichen. Geld habe ich leider nicht, aber vielleicht darf ich Ihnen einen Tausch anbieten?"

Er zog einen kleinen schwarzen Welpen aus der Tasche.

„Das ist ein Rasseschnauzer. Der sollte weit mehr wert sein als eine Dose Kakao."

WIE GÜNTER MIT EINER GANS DURCH DANZIG WANDERTE (1938)

BIS DIE GANS IHREN AUFTRITT HAT, BRAUCHT IHR NOCH EIN WENIG GEDULD. Schließlich sind inzwischen vier Jahre vergangen, und bei Günter und in Danzig ist einiges geschehen.

Nach der Schule lief Günter nach Hause. Er ging jetzt auf das beste Gymnasium der Stadt und trug als Conradiner die rote Mütze mit dem goldenen C. Von Montag bis Sonnabend führte sein Schulweg über Luisenstraße und Anton-Möller-Weg zum Max-Halbe-Platz, weiter über Neuschottland und Uphagenweg zur Krusestraße, wo der ehrwürdige rote Ziegelbau stand, das berühmte Conradinum. Nun konnte er nicht mehr jeden Morgen mit Joachim zur Schule rennen, der ging nämlich auf die Oberrealschule zu St. Petri und Pauli. Dass sie in verschiedene Schulen gingen, tat ihrer Freundschaft keinen Abbruch, denn sobald die Schule aus war, trafen sie sich.

Beide Jungen waren jetzt Pimpfe des Jungvolks, einer Organisation der Hitlerjugend. Sie trugen dieselben Uniformen und gingen zu Versammlungen, auf denen völkische Lieder gesungen wurden. Sie fuhren in Zeltlager, nahmen an Wettkämpfen und Geländespielen teil. Und sie rannten gemeinsam mit dem Schnauzer Kastor durch die Wiesen – wir haben ihn als Welpen kennengelernt, inzwischen ist er aber zu einem richtigen Hund herangewachsen.

An jenem Tag ging Günter nach der Schule gleich in den Laden. Gerade war keine Kundschaft da, also packte er die Gelegenheit beim Schopf und bat seine Mutter um Geld fürs Kino. Sie sah ihn ernst an und sagte:

„Momentchen mal, gestern wollteste Geld für Zeichensachen und vorgestern für ein Schreibheft. Du weißt doch, dass wir knapp bei Kasse sind."

Sie schaute in die Kasse, schüttelte den Kopf und gab ihm dann doch etwas. Glücklich wollte er losziehen, aber seine Mutter rief ihm nach:

„Warte mal, Jungchen. Ich hab eine Idee für dein Taschengeld. Das verdienst du dir selber. Schau mal."

Sie gab ihm das dicke Oktavheft für die Pumpkundschaft, das ihr bereits kennt.

„Hier stehen die Namen von allen, die bei uns Schulden haben, gleich daneben die Adresse und die Guldenbeträge, auf den Pfennig genau. Du klapperst die Wohnungen ab und kriegst dann fünf Prozent von den eingetriebenen Schulden. Einverstanden?"

Ja, Günter war einverstanden. Sein Gymnasiastendasein ging ziemlich ins Geld.

„Mal sehen, wie du das schaffst", lachte seine Mutter, auch wenn ihr Lachen ein wenig bemüht klang.

Zunächst lief es nicht besonders gut. Er klopfte aufgeregt an die erste Tür. Eine erstaunte Frau öffnete ihm. Sie ließ ihn herein, hörte ihn an und brach dann in Tränen aus. Erschrocken wollte Günter den Rückzug antreten, da gab sich die Frau einen Ruck, kramte in der Schublade und steckte ihm ein paar Gulden zu, um ihre Schulden abzustottern. Er notierte alles gewissenhaft, verabschiedete sich und ging.

Dann die nächste Tür. Er musste laut klopfen, weil er von Kindergeschrei übertönt wurde. Nach einer Weile schob sich ein kleiner Zottelkopf aus dem Türspalt. Günter trat mit seinem Oktavheft ein. Der Kleine und seine drei Geschwister machten große Augen. Kaum hatte Günter sein Anliegen vorgebracht, musste er vor dem erbosten Familienvater ins Treppenhaus flüchten. Der brüllte ihm nach:

„Lass dich hier nie wieder blicken, Rotzlöffel!"

Eingeschüchtert schlich sich Günter ins nächste Treppenhaus. Dort schlug ihm der säuerliche Geruch von gekochtem Weißkohl entgegen. Er klopfte an die Tür mit der Wohnungsnummer aus seiner Liste. Ein älterer Mann öffnete ihm freundlich lächelnd. Er entnahm seiner Geldbörse die genannte Summe und sagte zum Abschied:

„Das ist fein, dass du deinen Eltern hilfst. Bist ein tüchtiger Junge."

Günter strich die Schulden des freundlichen Mannes in seinem Heft durch und klopfte an die nächste Tür. Aha, daher kam der Kohlmief. Wieder viele Kinder. Das würde Ärger geben, aber nun war die Tür schon geöffnet. Vor ihm stand ein Mann, der bedrohlich schwankte, hinter ihm seine besorgte Gattin. Der Mann bat ihn mit großer Geste hinein. Als er hörte, worum es ging, lallte er:

„Geld hab ich nicht, kriegste nicht, aber Gast im Haus, Gott im Haus! Komm, Junge, is noch bisschen Kohl da, lass uns essen und reden. Von Mann zu Mann!"

Seine Frau steckte Günter verstohlen ein paar Scheine zu, der wartete einen günstigen Augenblick ab und verdrückte sich.

So ging es immer weiter. Die säumigen Kunden brüllten, warfen ihn aus der Wohnung, baten um Nachsicht oder wollten ihm irgendetwas schenken. Manche beglichen auch ihre Schulden. Von dem eingetriebenen Geld bekam er fünf Prozent ausbezahlt.

Schließlich riet ihm seine Mutter: „Freitags ist vom Wochenlohn noch was da, da musste hin und abkassieren."

Das nächste Mal wusste Günter schon, was ihn erwartete. Gleich lief es bedeutend besser. Von nun an musste er nicht mehr um Taschengeld betteln, er war sogar besser bei Kasse als so mancher Mitschüler aus gutem Hause. Was für eine Freude, sich von seinem eigenen Geld einen Pelikan-Zeichenblock, Malkasten, Pastellkreiden, Pinsel und sogar Plastilin zum Figurenkneten zu kaufen. Er malte abends, am liebsten, während seine Mutter am Klavier saß.

Mutter und Sohn waren begeisterte Leser, sie sorgte dafür, dass ihm der Lesestoff nicht ausging. Lächelnd strich sie ihm übers Haar, wenn er schmökerte, aber er bekam nichts davon mit. Dafür verschlang er lesend Marmeladenbrote und hinterließ Fingerabdrücke auf den Buchseiten. Als einmal eine der vielen Tanten zu Besuch war, tauschte Mutter Grass eines der Brote gegen ein Stück Seife aus. Günter merkte nichts davon, griff zu und biss hinein. Die Frauen lachten Tränen, während er den Mund verzog. Aber in der Wohnung hatte er kaum Ruhe zum Lesen. Waltraut tanzte singend herum, und der Vater brummte ein ums andere Mal:

„Vom Lesen ist noch keiner satt geworden."

Deshalb floh Günter nach alter Gewohnheit am liebsten auf den Dachboden. Dort war er ungestört. Einmal flog durch die offene Luke eine Taube herein. Als er sie verscheuchen wollte, stieß er versehentlich einen Stapel Pappkartons um, unter denen ein kleiner Koffer zum Vorschein kam.

Erwartungsvoll schlug er ihn auf, fand darin aber statt der erhofften Schätze nur Briefe, Fotos, Papiere und irgendwelche Skizzen. Als Unterschriften tauchten immer wieder drei Namen auf: Arthur, Paul oder Alfons, immer mit dem Familiennamen Knoff. War das nicht der Mädchenname seiner Mutter? Er rannte mit seinem Fund zu ihr, und gemeinsam durchstöberten sie den Inhalt des Koffers. Die Mutter erzählte von ihren geliebten Brüdern, die alle schon tot waren, gefallen im Großen Krieg. Arthur hatte Gedichte geschrieben, Paul hatte gemalt und Bühnenbilder entworfen, Alfons, der jüngste, wollte Koch in einem Grandhotel werden.

„Du erinnerst mich an alle drei", seufzte Günters Mutter und zog ihren Sohn auf den Schoß.

An diesem Abend lag Günter noch lange wach. Er musste an seine Onkel denken und dass er ihnen tatsächlich ähnelte. Wie Arthur schrieb er gerne. Herr Oswald, sein Deutschlehrer, hatte ihn sehr für seine Aufsätze gelobt. Im Zeichenunterricht hatte er ebenfalls gute Zensuren bekommen, und er malte gern, wie Paul. Im Kochen würde er sich auch gerne versuchen, aber in der Küche regierte der Vater, und mit dem war in letzter Zeit nicht gut Kirschenessen. Ganz anders mit der Mutter, die immer so sanft war. Günter wollte ihr eine Freude machen. Aber worüber würde sie sich freuen? Er überlegte, was er von den Ersparnissen in seiner Tabakdose kaufen könnte und darüber schlief er schließlich ein.

Vor dem Kolonialwarengeschäft Willy Grass machte ein Fuhrwerk halt, vor das ein Fuchs und ein Brauner gespannt waren. Vom Bock sprang der junge Jan Krause und betrat den Laden. Von der Schwelle grüßte er auf gut Kaschubisch:

„Niech bodze pochwalony Jezus Chrystus!"

„Na wieczi wieków amen!"[2], erwiderte Günters Mutter hinterm Ladentisch.

Sie bat ihren Cousin ins Wohnzimmer, hinterm Ladentisch bezog der Inhaber Stellung, Willy Grass persönlich. Der Besuch nahm Platz auf der Chaiselongue, Mutter Grass servierte Kaffee und Kekse und zündete sich eines ihrer „Stäbchen" an. Schnauzer Kastor lag schon auf der Lauer und folgte mit seinen Blicken aufmerksam der Bewegung des Kekses (mit Erfolg – er bekam ein großes Stück ab). Die Erwachsenen unterhielten sich auf Kaschubisch, da kam es ganz gelegen, dass Günters Vater nicht dabei war. Er hätte kein Wort verstanden.

Zuerst wurden Höflichkeiten ausgetauscht, Fragen nach dem Wohlergehen, den Milchkühen und den Schweinen. Dann gab Jan eine lustige Geschichte zum Besten:

Seine Nachbarin in Bissau hieß Kaśka, der gemeinsame Nachbar Jarzembińszczi hatte eine Stute, die auf denselben Namen hörte. Einmal hat nun die Stute Kaśka die Nachbarin Kaśka auf dem Wagen gefahren. Die rutschte auf dem Bock herum, weil es kalt war und sie ihr Kopftuch enger binden wollte, und wäre dabei um ein Haar vom Wagen gefallen. Gleichzeitig ruckte die Stute, und Jarzembińszczi rief:

„Häh, Kaśka, vädammichtes Luder, nu tu nech wie beschubst!"

Darauf die Nachbarin erbost:

„Kaine Vorwirrfe nech wechen nuscht ond wiedänuscht! Ech setz doch nuä!"

Die beiden wieherten vor Lachen, während Günters Vater, der das im Laden hörte, kaum merklich die Stirn runzelte.

Schließlich verabschiedeten sie sich. Auch Günter umarmte den Onkel. Da hatte Jan eine fabelhafte Idee:

„Ond wenn ech nu Ginterchen mecht mitnehm?"

Warum eigentlich nicht? Sonnabend, die Schule ist vorbei, und Landluft ist immer gesund! Also fuhr Günter mit dem Fuchs und dem Braunen nach Bissau, zu Großonkel Joseph und Großtante Anna Krause, Jans Eltern.

Joseph und Anna begrüßten die beiden herzlich. Sie tischten herrliche Sachen auf, alles hausgemacht: Brot, Butter und Wurst, zu trinken gab es heißen Malzkaffee mit Milch drin. Nach dem Essen gingen die Erwachsenen auf die Kartoffelfelder, die Kinder zeigten ihrem Cousin den Hof. Der Junge aus der Stadt lernte die Kühe Bunte und Tiese kennen, die Schweine und Schafe hatten keine Namen.

Als die Kinder ein Kartoffelfeuer entdeckten, stürmten sie begeistert darauf zu. Bulwen! Heiße Kartoffeln, aus der Asche gestochert, aufgespießt und gesalzen. Köstlich! Abends fielen alle erschöpft in die Betten, aber vorher wurde noch mit der ganzen Familie vor den Heiligenbildern gebetet.

2 Diese Zeilen sind kaschubisch und bedeuten: „Gelobt sei Jesus Christus!" „In Ewigkeit, amen!"

Der nächste Tag war ein Sonntag. Gleich nach der Messe wurde gegessen: Schwarzsauer, Reis mit Hühnchen und süßer Soße mit Rosinen, hinterdrein saures Kürbiskompott. Die Blutsuppe und das Kompott rührte Günter nicht an, er aß sich am Hühnchen satt.

Tags zuvor hatten die kaschubischen Kinder Günter ihre Spiele gezeigt, nun war er an der Reihe. Sie unterhielten sich auf Deutsch, weil einige Kinder in der Schule schon ein paar Brocken gelernt hatten.

Günter erklärte den anderen, was sie in der Stadt immer spielten. Los ging es mit „Alle zehn". Da musste man einen Ball gegen die Wand werfen, erst mit der Hand, dann mit der Faust und dem Arm. Nach jedem Wurf musste man sich schnell umdrehen und den Ball dann wieder auffangen. Amanda konnte das am besten. Danach kam „Himmel und Hölle". Günter zeichnete die Kästchen in den Sand, dann warfen sie einen Stein und hüpften die Kästchen ab. Wer auf die Linie trat, hatte verloren. Auch hier war Amanda vorne dran. In einer alten Scheune fand Günter einen Fassreifen, und er zeigte er den Kindern, wie man mit einem Stöckchen Kullerreifen spielt.

Aber nun kommen wir endlich zur Gans! Großtante Anna hatte nämlich Gänse, sogar eine ganze Menge. Zwei gerupfte Tiere sollten nun nach Danzig kommen: Eines auf den Tisch der Familie Grass, das andere zu Krauses, also zu Onkel Franz, dem Briefträger von der Polnischen Post, den wir bereits kennengelernt haben. Noch bei Tageslicht traf Günter auf dem Fuhrwerk von Onkel Jan mit beiden Gänsen wieder zu Hause ein.

Beim Anblick des Geflügels bekam Günters Vater leuchtende Augen. Aber die zweite Gans musste noch zu Onkel Franz an den Heveliusplatz. Die Mutter war beschäftigt, der Vater auch.

„Und wenn vielleicht das Jungchen?"

„Niemals nech, Willy, das mecht ne Zehnpfundje sain."

„Ach, Lenchen, er ist doch ein kräftiges Bürschchen."

So gab ein Wort das andere, bis Günter das schwere Bündel in die Hand gedrückt bekam. Und weil Joachim auch gerade da war, zogen sie zu zweit los. Sie wechselten sich beim Rucksacktragen ab. Der Rucksack war derselbe, mit dem Günter in die Zeltlager des Jungvolks fuhr: ausgewaschenes Leinen, Lederriemen und ein kleines Brandloch vom Lagerfeuer. Waltraut beneidete den großen Bruder um diesen Erwachsenenrucksack und wollte unbedingt mit. Aber für derartige Ausflüge war sie natürlich noch zu klein.

Die beiden Jungen fuhren zuerst mit der Straßenbahn Linie 2. Sie stiegen früher aus als nötig, weil sie sich die Kräne auf der Schichauwerft ansehen wollten. Unterwegs hörten sie die großen Hämmer Nieten in die dicken Bleche der Schiffsrümpfe klopfen.

„Ich hab gehört, wie Papa gesagt hat, sie könnten keine Kriegsschiffe bauen. Aber sie bauen trotzdem welche", meinte Joachim mit gedämpfter Stimme.

Mit großen Augen bestaunten sie den Zaun und das, was darüber hinausragte, besonders den riesigen Hammerkran. Die Gans wog schwer, aber da sie schon einmal in Danzig waren, wollten sie noch einen Abstecher zum Hafen machen. Sie gingen zur Mottlau und begutachteten die Kutter am Fischmarkt. Obwohl es schon langsam dämmerte, wurde immer noch umgeladen. In der Nähe des Grünen Tores lagen Schiffe der Weißen Flotte, eine Fähre querte langsam den Fluss.

„Weißt du, ich hab grad beschlossen, ich werd Ingenieur bei Schichau", sagte Joachim.

„Das ist nichts für mich", entgegnete Günter. „Ich bin zu schlecht in Mathematik."

„Du?", wunderte sich Joachim. „Du warst doch früher immer der Beste."

„Ja, aber diese ganze Arithmetik ist mir zu schwer. Da kapier ich überhaupt nichts."

„Na ja, aber du wolltest doch sowieso Schriftsteller werden."

„Ja, und das werde ich auch, so wie Onkel Arthur. Oder Maler, wie Onkel Paul." Günter musste wieder an seinen Dachbodenfund denken.

Nun mussten sie wirklich die Gans bei Onkel Franz am Heveliusplatz abliefern. Da war plötzlich Geschrei zu hören – bestimmt ein Nazitrupp, der sich mit Polen prügelte. Die Jungs rannten hin. Nein, doch keine Schlägerei. Jugendliche Nazis mit Hakenkreuzbinden schlugen die Schaufenster jüdischer Geschäfte ein. Die Polizei stand seelenruhig daneben.

Günter musste daran denken, wie seine Mutter, aufgebracht über den Umgang der Regierung mit den Juden, gesagt hatte: „Das sind doch auch Menschen!" Er stieß Joachim an und sie rannten weiter zum alten hölzernen Krantor, einem ehemaligen Hafenkran, der schon seit dem Mittelalter hier stand. Stolz zeigte er seine schwarze Silhouette und dachte wohl an die alten Tage zurück, als sein Innenleben noch funktionierte.

Dann gingen sie durchs Frauentor in die Frauengasse. Jetzt, in der Dämmerung, war es ganz schön dort, weil man den Unrat nicht so sah. Trotz der zunehmenden Dunkelheit saß immer noch ein Künstler im Freien und zeichnete die Fassaden der Wohnhäuser ab.

Sie schauten ihm über die Schulter und tauschten wieder einmal den Rucksack. Eine enge Gasse führte sie um Sankt Marien herum. Der große, schwarze Schatten, den die Kirche auf die umliegenden Häuser warf, war unheimlich. Sie linsten nur kurz hinein, um einen Blick auf das große Bild „Das Jüngste Gericht" von Hans Memling zu werfen und bei der Gelegenheit ein wenig zu verschnaufen. Dann liefen sie weiter durch die Langgasse. An allen Hauswänden hingen rote Fahnen mit dem schwarzen Hakenkreuz im weißen Kreis. In der Mitte der Langgasse fuhr die Straßenbahn und klingelte ärgerlich Autos, Fuhrwerke und gaffende Fußgänger beiseite. Die beiden Jungen blieben vor einer Litfasssäule mit dem Kinoprogramm des UFA-Palastes stehen.

„O, guck mal, ein Chaplin-Film!"

„Und zu Dick und Doof müssen wir auch!"

Mit der Straßenbahn fuhren sie das kurze Stück bis zum Zeughaus und schauten sich dort die luxuriösen Schaufenster an. In einem glänzte ein elektrisches Bügeleisen. Günter schaute auf

das Preisschild. Das Bügeleisen kostete genauso viel, wie er für ein Geschenk für seine Mutter ausgeben wollte.

„O, guck mal", rief Joachim, „ein elektrisches Bügeleisen! Wenn ich reich bin, kauf ich so eins für meine Mama!"

Günter hatte seinen Entschluss gefasst: Gleich am nächsten Tag würde er mit seiner Tabakdose hierher kommen und das Bügeleisen kaufen, aber er sagte Joachim nichts von seinem Plan, um ihn nicht zu kränken. Der stand auch schon begeistert vor dem nächsten Schaufenster.

„Guck mal, die schönen Kristallschalen! Die kauf ich auch für Mama!"

Die Jungen bewunderten noch die Auslage eines Juwelierladens und wählten Diamantencolliers für ihre Mütter aus, als Joachim plötzlich auf einer goldenen Uhr im Schaufenster auf die Zeit aufmerksam wurde. Sie rannten zum Heveliusplatz und stellten dort entgeistert fest: Die Gans war weg! Zurück zum Zeughaus! Keine Spur von dem Rucksack mit der kostbaren Fracht.

„Bestimmt haben wir ihn in der Kirche stehen lassen", schoss es Günter durch den Kopf. „Und wenn jemand unsere Gans mitgenommen hat?" Sie rannten die Heilige-Geist-Gasse hinauf und stürzten in die Kirche – weit und breit keine Gans. Verzweifelt versuchten sie sich zu erinnern, wo sie überall gewesen waren: Langgasse, Kino, Straßenbahnhaltestelle. Sie beschlossen, denselben Weg zurückzugehen, vielleicht lag der Rucksack ja irgendwo. Da plötzlich entdeckte ihn Günter im Gelblicht einer Straßenlaterne – auf dem Rücken eines Mannes. Günter zupfte Joachim am Ärmel und sie liefen auf den Fremden zu, um sich zu vergewissern, dass es tatsächlich der richtige Rucksack war. Das war aber gar nicht so einfach, der Mann lief nämlich ebenfalls schneller. Je stärker die Jungen ihre Schritte beschleunigten, desto eiliger hatte es der Fremde mit dem Rucksack. Aber er sollte ihnen nicht entkommen. Ein kleiner, vielleicht dreijähriger Junge mit Blechtrommel vor dem Bauch stellte ihm flugs ein Bein. Die verdächtige Gestalt schlug der Länge nach hin. Gleich waren die Jungen bei ihm und riefen:

„Geben Sie bitte den Rucksack zurück!"

Der Halunke blickte sich hektisch um – schon blieben Leute stehen und beobachteten die Szene. Er hatte keine Wahl. Mit einem ausgesprochen liebenswürdigen Lächeln nahm er den Rucksack ab, übergab ihn den Jungen und verschwand im Getümmel.

Die beiden Freunde schnappten sich den Rucksack und kamen ohne weitere Zwischenfälle zur Wohnung von Onkel Franz. Tante Małgosia wollte sie nicht einfach so wieder gehen lassen, sie blieben also noch zum Abendbrot. Die Tante konnte kaum fassen, dass sie diese schwere Gans wirklich so weit getragen hatten. Günter dachte, dass wohl sämtliche Tanten, ob deutsch, kaschubisch oder polnisch wie Tante Małgosia einander glichen: alle waren kinderlieb, gutmütig und herzlich. Schließlich brachten Irmgard und Gregor die beiden Jungen zur Straßenbahn.

Als Günter müde nach Hause kam, sah er, wie seine Mutter Vaters Hemd mit dem alten Plätteisen bügelte. Innen hatte es einen Eisenkolben, der im Ofen erhitzt werden musste. Er stellte sich vor, wie sehr sie sich freuen würde. Schon auf der Schwelle stieg ihm der köstliche Duft von Gans mit Maronenfüllung und Beifuß in die Nase. Schnauzer Kastor und Vater Grass bewachten gemeinsam den Ofen. Später ließ sich die Familie die leckere Gans schmecken, der Hund zerknackte, was übrig blieb. So ist nun mal der Lauf der Welt.

ZWISCHEN BEETHOVEN UND HITLER
(1939)

ES FING DAMIT AN, dass im Wohnzimmer gegenüber dem Porträt des Komponisten Ludwig van Beethoven plötzlich das Porträt von Adolf Hitler hing. Willy Grass war schon drei Jahre zuvor in die NSDAP eingetreten, die nur deutschen Hitler-Anhängern offenstand. Seitdem ging er zu Parteiversammlungen und träumte von einem großmächtigen Land und Volk.

Am 1. September 1939 schienen seine Träume wahr zu werden. An jenem Tag wurde Günter von Schüssen geweckt. Er sprang aus dem Bett und lief ins Wohnzimmer. Die Eltern saßen schon am Volksempfänger und hörten die Sondermeldungen. Günters Mutter erklärte ihm aufgeregt:

„Es ist Krieg. Bei uns, in Danzig."

Der Vater rieb sich die Hände:

„Jetzt kriegen sie es zurück! Wir haben die Westerplatte und die Polnische Post angegriffen. Das ist bald geschafft."

„Und Onkel Franz?", rief Günter. „Der arbeitet doch bei der Post in Danzig! Was ist denn mit ihm?"

Aber weder Mutter noch Vater antworteten ihm, sie überhörten seine Fragen einfach. Die Nachbarn drängten sich um das Radio, kommentierten die Nachrichten, gerieten in Verzweiflung oder Übermut, schmiedeten Schlachtpläne, kamen und gingen. Kastor verdrückte sich unters Bett und wollte aus Angst vor den Schüssen gar nicht mehr rauskommen. Die Kinder gingen nicht zur Schule. Günter schlüpfte in seine Jungvolkuniform und wartete, dass ihn jemand zum Dienst am Vaterland rufen würde. Aber die Eltern ließen ihn nicht vor die Tür, also verzog er sich auf den Dachboden. Dort beobachtete er durch die Luke den Anflug von Sturzkampfflugzeugen, das Feuer und den Rauch, der über den Dächern entlegener Gebäude aufzog. Er stellte sich vor, er wäre einer der Piloten dort oben.

Günters Mutter setzte sich ans Klavier und spielte „Kleine Möwe, flieg nach Helgoland". Ein kleiner Junge schlug auf seiner Blechtrommel den Rhythmus dazu – gar nicht übel für einen

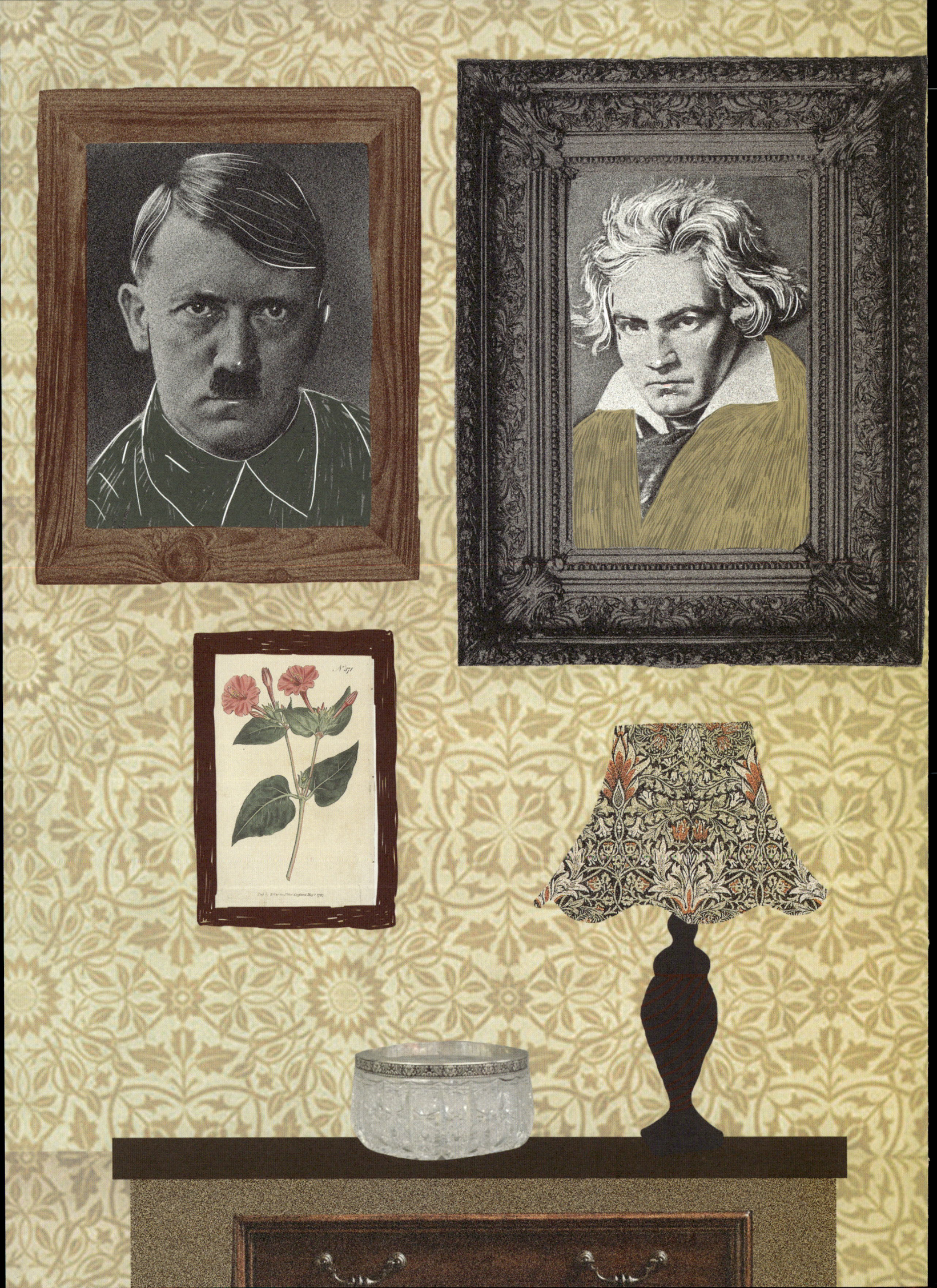

Dreijährigen. Die anwesenden Nachbarn und Bekannten stimmten marschmäßig mit ein. Man gab sich aufgekratzt und enthusiastisch, die Meldungen verkündeten ja auch ständig die deutsche Überlegenheit. Am Abend ergab sich die Polnische Post. Die Westerplatte hielt sich noch, aber es bestand kein Zweifel, dass auch sie bald fallen würde. Adolf Hitler schaute herrisch aus seinem Porträt und maß Beethoven mit einem finsteren Blick. Dieser blickte irgendwo ins Ungefähre.

Joachim kam gelaufen, ebenfalls in Jungvolkuniform, und brachte die sensationelle Neuigkeit mit, dass am nächsten Tag der Führer selbst nach Danzig kommen würde. Alle gerieten in Hochstimmung. Mutter Grass suchte nach Fahnen, Vater Grass lud die Nachbarn zu Bier und Skat ein. Auch Günters Großeltern und andere Verwandte, die in der Nähe wohnten, kamen vorbei. Sie wollten feiern, dass Danzig jetzt nicht mehr Freie Stadt war, sondern zum Deutschen Reich gehörte. Vater Grass ging in die Küche, um das Abendessen vorzubereiten. Großvater Grass folgte ihm. Günter konnte hören, wie er seinem Sohn Willy halblaut erklärte:

„Ihr dürft euch jetzt nicht mehr mit den Kaschuben treffen. Das sag ich schon lange, aber jetzt könnte es gefährlich werden. Helene ist eine anständige Frau, nichts gegen sie, aber du musst mit ihr reden."

Günter konnte sich schon denken, worum es ging – um die Reinheit der Rasse. Davon hatte er im Winter gehört, als an den Türen von Cafés in Langfuhr plötzlich stand: Zutritt für Polen und Hunde verboten! Seine Mutter hatte sich darüber aufgeregt, dabei war sie gar keine Polin. Günter konnte das auch nicht verstehen, die Polen in Danzig sahen aus wie die Deutschen, sie sprachen bloß eine andere Sprache. Und die Kaschuben mochte er: Onkel Franz und Onkel Jan, Großtante Anna, seine Cousine Amanda. Aber an der Oberschule wurden sie immer wieder darüber belehrt, wie wichtig die Reinheit der Rasse für die Deutschen sei. Günter wusste nicht, was er davon halten sollte. Aber Krieg hieß Krieg, da wollte er als Deutscher kämpfen und wenn nötig sogar sterben für sein Land.

Der Führer kam nicht, die Schulen wurden vorübergehend geschlossen und Lebensmittelkarten eingeführt. Das bedeutete zusätzliche Arbeit für die Mutter im Laden, weil sie die Karten von den Kunden einsammeln und später abrechnen musste. Einmal hörten Günter und Waltraut, wie sie zu ihrem Mann sagte:

„Wie sollen wir jetzt noch den Hund durchbringen? Die Fleischkarten reichen ja kaum für uns."

Da eilten beide Kastor zu Hilfe und riefen:

„Er kann mein Fleisch haben!"

Aber Mutter Grass strich Waltraut über den Kopf, fuhr Günter durch die Haare und sagte:

„Von wegen! Ihr wachst noch und müsst ordentlich essen."

Zum Glück rettete der Vater die Situation:

„Lenchen, mal doch nicht so schwarz. Wir deichseln das schon, ich hab da meine Beziehungen. Keine Bange."

Willy Grass war tatsächlich nicht auf den Kopf gefallen, der Hund brauchte nicht zu hungern, vom Rest der Familie ganz zu schweigen. Das Leben ging seinen Gang. Am siebten November meldete der Volksempfänger unermüdlich, dass die Westerplatte kapituliert hatte. Tags darauf wurde berichtet, dass den Verteidigern der Polnischen Post der Prozess gemacht wurde. Günter fragte wieder nach Onkel Franz und wieder bekam er keine Antwort, als hätte der Onkel nie hier auf der Chaiselongue gesessen und bei Streuselkuchen und Kaffee mit ihnen gelacht.

Irgendwann machten auch die Schulen wieder auf. Günter lernte lateinische Vokabeln, aber sie wollten ihm einfach nicht in den Kopf.

Eines Tages stahl er sich, ohne dass seine Mutter davon wusste, nach Neufahrwasser davon und sammelte dort Bomben- und Granatsplitter. Als er die Schätze seinen Freunden zeigte, wollten sie auch welche haben und Günter tauschte sie gegen Briefmarken, Bücher und farbige Zigarettenbilder. Das war eine Sache, die ihm am Krieg gar nicht gefiel: In den Zigarettenpäckchen gab es keine Gutscheine mehr für die Bilder, die er so gerne gesammelt hatte. Drei Sammelalben hatte er, in die er die Bilder mit Meisterwerken der europäischen Malerei einklebte, neben die Erklärtexte. Die meisten hatte er schon, umso mehr ärgerte er sich über die leeren Stellen. Vater und Mutter halfen ihm, und der Großvater, ein Tischlermeister, steuerte die Gutscheine seiner Gesellen bei.

Schließlich verkündete das Radio die frohe Botschaft: Am 19. September würde der Führer des Deutschen Volkes nach Danzig kommen, Adolf Hitler persönlich! Wieder machte sich im Mietshaus, Labesweg 13, Feierstimmung breit. In allen Fenstern wehten Hakenkreuzfahnen, die Blumenkästen mit den Pelargonien wurden mit Papierfähnchen gespickt. Die Menschen freuten sich und fürchteten gleichzeitig, sich wieder zu früh zu freuen.

Hitler hatte schon seit langem angekündigt, er werde erst nach Danzig kommen, wenn die Stadt deutsch ist. Die Langgasse wurde mit Fahnen und Girlanden geschmückt. Günter stand in Jungvolkuniform mit den anderen Jungs aus seiner Einheit zur Begrüßung Spalier. Er musste daran denken, wie er ein Jahr zuvor mit Joachim und der Gans durch diese Straße zu Onkel Franz gelaufen war. Was war denn nun mit diesem Onkel, weshalb verlor niemand ein Wort über ihn? Da gellte ein Jubelschrei aus hunderten Kehlen. Hitler fuhr in einer offenen Limousine vorbei, unter einem Banner mit der Aufschrift „Danzig grüßt seinen Führer!". Später hielt er im Artushof eine Rede an die Danziger, die im Rundfunk übertragen wurde.

Bis zum Monatsende gab es kein anderes Gesprächsthema in den Mietshäusern im Labesweg mehr. Es hieß, Hitler habe am 21. September den Kriegsschauplatz an der Westerplatte besucht. Es hieß, er habe im Grand Hotel Zoppot Quartier genommen. Es hieß, alle Juden aus der Langgasse seien ins Lager nach Stutthof gebracht worden. Günter verstand nicht, was das bedeutete. Aber seine Eltern taten wieder so, als hörten sie seine Fragen nicht. Der Hitler auf dem Porträt würdigte Beethoven keines Blickes, so siegesgewiss war er.

Erinnert ihr euch noch an den Trompeter aus dem Obergeschoss? Er hatte als einziger keine Fahne im Fenster, nicht ein einziges Fähnchen. Die Nachbarn redeten darüber, Günter wusste

nicht, weshalb. Beim Schuldeneintreiben fiel ihm dann auch auf, dass in der Wohnung des Trompeters kein Führerbild an der Wand hing. Aber das behielt er für sich.

Dann, eines Tages, war plötzlich der Hund fort! Kastor hatte sich furchtbar vor den Schüssen geängstigt. Und als ihn unglücklicherweise einmal Waltraut ausführte, gab es in der Nähe eine Explosion. Der Hund riss sich los und rannte mit der Leine auf und davon. Völlig verheult kam Waltraut zu Hause an. Die aufgescheuchten Nachbarn halfen bei der Suche, das gesamte Viertel wurde durchkämmt, alle Winkel, alle Keller, alle Schuppen – nichts.

Tags darauf hängten Waltraut, Günter und Joachim Vermisstenanzeigen für Kastor an Bäumen und Zäunen aus. So sehr sie auch warteten, es meldete sich niemand. Um auf andere Gedanken zu kommen, las Günter über Sven Hedins Reise durch die Wüste Gobi und blätterte seine geliebten Bilderalben durch. Im Haus munkelte man unterdessen, hinter Kastors Verschwinden stecke bestimmt der Trompeter, der sich ständig von den Nachbarn Geld leihen musste. „So einem ist alles zuzutrauen. Die eigene Mutter würde der verkaufen, einen Hund schon gleich dreimal. Und der war reinrassig und gut im Futter."

Die anderen Pimpfe suchten mit und Joachim, die treue Seele, natürlich auch. Sie nahmen sich sogar die Armensiedlung vor, das „Indianerdorf", wo sie durch Lattenzäune spähten und nach Kastor riefen.

Der Großvater schlug seinem geliebten Enkel vor, ihm einen neuen Hund zu kaufen, aber der wies das Angebot empört zurück. Manchmal wusste jemand etwas von einem entlaufenen schwarzen Schnauzer zu berichten, aber leider war es nie Kastor.

Auf den Spaziergängen nach der Schule hielten Günter und Joachim ständig Ausschau nach Kastor und unterhielten sich über ihre Zukunft:

„Ich geh zu den Fallschirmjägern. Oder ich werd Bomberpilot", verkündete Joachim mit glänzenden Augen.

„Die Kriegsmarine ist das einzig Wahre, sag ich dir!", erwiderte Günter. „Schade, dass wir nicht früher geboren sind. Wenn ich könnte, würde ich sofort zur Kriegsmarine gehen."

„Ja, ich auch!" Joachim hatte schon einen neuen Plan. „Ich will zu den U-Booten. So ein U-Boot, das ist doch das Größte!"

An dieser Stelle verstummten beide, denn am Horizont tauchte ein bezopftes Mädchen mit Bund-Deutscher-Mädel-Uniform auf. Sie führte einen schwarzen Schnauzer an der Leine, der sich jedoch als Schnauzerin herausstellte. Das Mädchen nahm sich Kastors Verschwinden sehr zu Herzen und versprach, sich sofort im Kolonialwarengeschäft Willy Grass im Labesweg 13 zu melden, sollte ihr ein streunender Schnauzer begegnen.

Anfang Oktober trug das ganze Haus Trauer – einer der Bewohner, ein junger Bursche, war an der Front gefallen. Seine Mutter lief mit tränenverquollenem Gesicht herum, aber gleichzeitig war sie mächtig stolz. Beim Schuldeneintreiben bekam Günter mit, dass die Verteidiger der

Polnischen Post erschossen worden waren. Als er das seiner Mutter erzählte, stellte die sich wieder taub. Kastor wurde nun schon seit drei Tagen vermisst, und so langsam schienen nur noch Waltraut und Günter an seine Rückkehr zu glauben.

Und sie sollten Recht behalten. Nach vier Tagen wummerte es mitten in der Nacht an die Wohnungstür. Der schlaftrunkene Vater Grass öffnete, wie fünf Jahre zuvor, als der geheimnisvolle Kunde ihnen den Welpen gebracht hatte. Diesmal war es der Trompeter. Er trat ein und ließ sich völlig erschöpft auf einen Stuhl fallen. In seinen Armen: Kastor. Der Hund war mehr tot als lebendig. Nach der schrecklichen Explosion war er bis in den Olivaer Wald gelaufen. Dort hatte sich die Leine im Gebüsch verfangen, so dass er nicht mehr zurück konnte. Der Trompeter hatte im Ausflugslokal „Weißes Lamm" für die Gäste aufgespielt. Auf dem nächtlichen Rückweg durch den Wald war er mal kurz in die Büsche verschwunden. Zurück auf dem Weg, hatte er plötzlich ein leises Winseln vernommen. Und schließlich hinter den Büschen Kastor entdeckt. Der wedelte matt mit dem Schwanz, war aber zum Laufen zu schwach. Da trug ihn der Trompeter den ganzen Weg von Oliva bis in den Labesweg!

Vater Grass weckte die Kinder zu nachtschlafender Stunde. War das eine Freude! Kastor bekam ein stärkendes Mahl serviert. Gleich am nächsten Morgen kam der Tierarzt und verabreichte ihm eine Spritze. Die Nachbarn brachten Knochen, Würstchen und andere Leckereien für den Hund vorbei. Die Bäckersfrau häkelte sogar ein Leibchen für Kastor. Und der unbeliebte Trompeter war plötzlich ein gefeierter Held. Wieder und wieder musste er erzählen, wie er den Hund gefunden hatte.

So geht nun die dritte und letzte Geschichte in diesem Buch zu Ende. Wie es weiterging? Die Familie Grass musste nach dem verlorenen Krieg nach Deutschland auswandern. Günter Grass wurde wirklich ein bedeutender Schriftsteller. Er bekam den Literaturnobelpreis und kehrte oft nach Gdańsk zurück, das seit Kriegsende zu Polen gehört. Immer wieder hat er in seinen Büchern die geliebte Stadt seiner Kindheit und seine kaschubische Verwandtschaft verewigt. Und er erfuhr, was tatsächlich mit Onkel Franz geschehen war. Franciszek Krause war wie die anderen Verteidiger der Polnischen Post in Danzig erschossen und auf dem Friedhof Saspe begraben worden.

Die beiden Porträts haben den Krieg nicht überstanden. Doch im Duell zwischen Beethoven und Hitler hat der geniale Komponist gesiegt.

NACHWORT ZUR DEUTSCHEN AUSGABE

Günter Grass (1927 – 2015) war ein berühmter deutscher Schriftsteller in der zweiten Hälfte des vorigen Jahrhunderts. Viele seiner Werke, zum Beispiel „Die Blechtrommel", „Katz und Maus", „Hundejahre" oder „Beim Häuten der Zwiebel" sind jetzt moderne Klassiker der deutschen Literatur. In den Werken von Günter Grass spielt seine Kindheit in den 1930er Jahren in Danzig eine wichtige Rolle. Deshalb kommen viele Motive und Figuren aus seinen Büchern auch in dieser Geschichte vor, zum Beispiel der kleine Junge mit der Blechtrommel, Familienausflüge an die Ostsee, das Kolonialwarengeschäft von Günters Eltern oder Onkel Franz und die Polnische Post.

Der aufkeimende Nationalsozialismus und der Ausbruch des Zweiten Weltkrieges waren für Günter Grass Teil des Alltags, den er als Kind erlebte. Der Nationalsozialismus wurde in seiner Familie nicht besonders kritisch hinterfragt. Grass war als junger Mann selbst davon fasziniert und in den letzten Kriegsmonaten noch Mitglied der Waffen-ss.

1999 wurde er mit dem Literaturnobelpreis ausgezeichnet, weil er als erster Schriftsteller aus Deutschland die Geschehnisse und Stimmungen in der Bevölkerung vor und während des Zweiten Weltkrieges umfassend literarisch verarbeitet hat. Dabei hat er das Grauen des Krieges und die Verbrechen der Nationalsozialisten gegen die Menschlichkeit offen beschrieben und war eine wichtige moralische Stimme in Europa.

VERWENDETE LITERATUR

Günter Grass: *Die Blechtrommel.* Luchterhand, Neuwied/Berlin 1959
Günter Grass: *Katz und Maus.* Luchterhand, Neuwied/Berlin 1961
Günter Grass: *Hundejahre.* Luchterhand, Neuwied/Berlin 1963
Günter Grass: *Kleckerburg.* In: Die Zeit 39/1965, 24.09.1965
Günter Grass: *Aus dem Tagebuch einer Schnecke.* Luchterhand, Neuwied/Darmstadt 1972
Günter Grass: *Beim Häuten der Zwiebel.* Steidl, Göttingen 2006

Mieczysław Abramowicz: *Danzig in den Worten von Günter Grass.* Übers. Bożena Kwiatkowska. Urząd Miejski w Gdańsku. Biuro Prezydenta ds. Kultury, Sportu i Promocji, Gdańsk 2008
Michael Jürgs: *Bürger Grass. Biografie eines deutschen Dichters.* C. Bertelsmann, München 2002
Sabine Schmidt, Franz Dwertmann (Hg.): *Oskar - Tulla - Mahlke ... In Gdańsk unterwegs mit Günter Grass.* Marpress, Gdańsk 1993
Heinrich Vormweg: *Günter Grass.* Rowohlt Taschenbuch Verlag, Reinbek 1986

Elżbieta Pałasz
Bucheckern, Bernstein, Brausepulver. Die Danziger Kindheit von Günter Grass
Deutsche Erstausgabe
© Susanna Rieder Verlag, München 2018
Alle deutschsprachigen Rechte vorbehalten.

Die polnische Originalausgabe erschien 2015 unter dem Titel
Trzy, dwa, raz, Günter Grass bei Oficyna Gdańska, Gdańsk.
© Elżbieta Pałasz, Gdańsk 2015
© Janusz Górski 2016

Aus dem Polnischen von Thomas Weiler
Redaktion: Jacek Foromański
Illustrationen: Joanna Czaplewska (Seiten 2, 4, 7, 9, 12/13, 20, 26, 29, 36, 38/39,
44, Einband) und Katja Widelska (Seiten 1, 17, 18, 22, 31, 34, 42)
Gestaltung und Grafik: Janusz Górski
Druck und Bindung: Christian Theiss GmbH, www.theiss.at
Printed in Austria

1. Auflage 2018
ISBN 978-3-946100-60-7
www.riederbuch.de

Der Übersetzer dankt den Stiftern des Perewest-Stipendiums und dem
Freundeskreis zur Förderung literarischer und wissenschaftlicher Übersetzungen
e.V. für die Unterstützung seiner Arbeit.

Die Veröffentlichung dieses Buches wurde im Rahmen des
Übersetzungsprogramms © Poland vom Polnischen Buchinstitut Krakau
unterstützt.

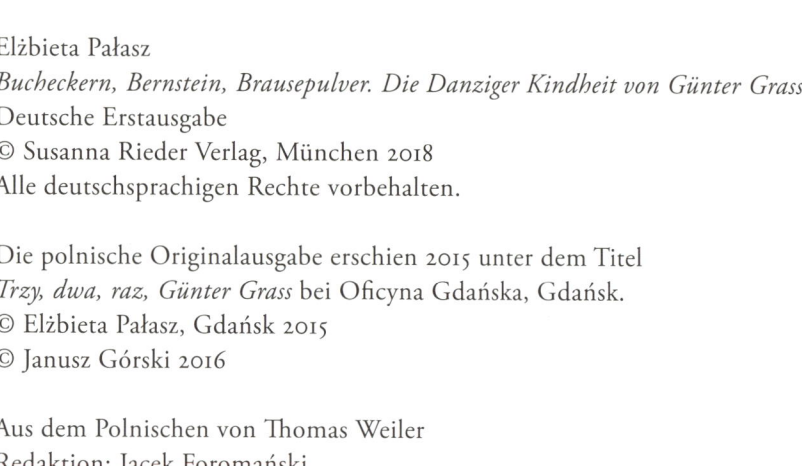